राजा अयोग्य है

तथा

अन्य कविताएँ

राजा अयोग्य है

तथा

अन्य कविताएँ

मधुलिका बेन पटेल

लोकभारती प्रकाशन

लोकभारती प्रकाशन
पहली मंजिल, दरबारी बिल्डिंग, महात्मा गांधी मार्ग
प्रयागराज-211 001
वेबसाइट : www.lokbhartiprakashan.com
ईमेल : info@lokbhartiprakashan.com

शाखाएँ : 1-बी, नेताजी सुभाष मार्ग, दरियागंज
नई दिल्ली-110 002
अशोक राजपथ, साइंस कॉलेज के सामने
पटना-800 006
1, अनमोल सोराबजी सन्तुक लेन, मरीन लाइंस
मुम्बई-400002

प्रथम संस्करण : 2024

ग्राफिक ऑफसेट
प्रयागराज द्वारा मुद्रित

RAJA AYOGYA HAI
Tatha Anya Kavitayen
by Madhulika Ben Patel

ISBN : 978-81-975096-2-9

मूल्य : ₹ 400

प्रो. देवेन्द्र चौबे और डॉ. रश्मि चौधरी
को

अनुक्रम

भूमिका

कविता लिखना न शौक था न जूनून। सायास कभी न रच पायी इसे। मन में कौंधे हुए कुछ भाव हैं ये, जिन्हें हर्फों में उतार लिया। जितना उतारा उससे अधिक और बहुत अधिक भावों का सैलाब उमड़ता रहा। कभी चोट खाई औरतें आँखों में होती, कभी बेबस किसान-मजूर। कभी कोई और कभी अपनी धरती। शब्द नहीं मिलते कि उनका दर्द बयाँ हो जाए और उनको उस पीड़ा से छुटकारा मिले। जितना लिखा उससे बहुत-बहुत ज्यादा मन को टीसता रहा। क्यों है इतना छल, कपट और हिंसा, एक ही जन्म तो जीना है। क्यों इतनी सुन्दर धरती को हम मनुष्य सुन्दर नहीं रहने दे रहे। मन रातों तक जागता है और आकार लेते-लेते शब्द कभी डूब से जाते हैं। इस संग्रह में कुछ को लिया अनगिनत टीसते हुए भावों को शब्द न दे पायी कि कहीं उस गहराई को मापने में कोई कमी न रह जाये। इस संग्रह की प्रेरणा बेटा है मेरा। एक सृजन को दूसरे सृजन ने प्रेरित किया है। इस सृजन के मुकम्मल होने में बहुत लोगों का प्यार शामिल है। दिन-रात मेरा सहयोग करनेवाले अपने पति अनिल जी को किधर दर्ज़ करूँ? उनके प्रेम और सहयोग के सामने हर्फ़ नाकाफी हैं। माँ शान्ती देवी, बिन्दू मासी तो मेरा हौसला हैं, तमाम साथियों, गुरुओं और परिवारजनों के प्रति कृतज्ञता कैसे बयाँ करूँ? सभी के बगैर तो कुछ भी सम्भव नहीं। प्रकाशन के लिए प्रकाशक महोदय के प्रति बहुत आभारी हूँ।

—डॉ. मधुलिका बेन पटेल

आईना-1

सब दर्ज हो सकता है
पन्नों पर
बस नहीं
दर्ज हो सकती
बच्चे की
हँसी
आँखों की चमक
गालों की दमक
तोतली बोली
उसका चुलबुलापन
उसकी बदमाशियाँ
दूध न पीने के नखरे
बहाने
ये सब एक ही जगह
इकट्ठी दिख सकती हैं।
माँ की आँखें
इन सब का आईना है।

आईना-2

चेहरा
धीरे धीरे
हो चला है
सख्त खुरदुरा
और
रंग बेरंग में ढल गए
मेरे लिए दुनियाँ
की सारी खूबसूरती
समाई है
मेरे बच्चे में।
मेरे बच्चे की आँखों
में मैं
सबसे खूबसूरत हूँ।
मैं माँ हूँ
और अब
मैंने शीशे देखना छोड़ दिया है
मेरे बच्चे की आँखे
मेरा आईना है।

जीवन

मृत्य की ओर
बढ़ते कदमों का नाम
और
किसी के लिए
मृत्यु से
खींच लाने का नाम।

शहर-1

शहर
कितना अजीब है न
समुन्दर की लहरों ने
जब भँवर बनना सीखा होगा
तभी
शहर भी बना होगा
न भँवर से
कोई लौटा
न शहर से।

शहर-2

हर चीज
एवलेबल है
सिवाय
नरम दिल
और
नम आँखों के।

शहर-3

जीभ को
बेस्वाद बना दिया
जीवन पर चढ़ गयी
सीमेंट की
पतली परत
मर गया
आँखों और हृदय
का तालमेल।

शहर -4

शहर
छीन लेता है
घर
नींद
भूख
और
प्रेम।

उस उमर में

तब कुछ शब्दों को पढ़कर
बेवजह गुस्सा आता था
शब्दों का मतलब पता न होने
के बावजूद।

रफ कापियों की जिल्द
पर छपी लड़कियों को
उढ़ा दिया करते थे
साड़ियाँ
और बना दिया करते थे
उसे माँ जैसा
मूँछ वाली तसवीरों पर
घसीट देते थे
काली स्याही।

कभी हँसते हँसते बेदम हो जाते थे
पतंजलि को पन्तजली पढ़ कर।
सवालों के भय से
रटा रटाया एक पाठ
रोज खोल कर बैठते थे
और गिनते थे आसमान में

उड़ने वाली चिड़िया।
कभी छड़ी वाली परी होने का
ख्वाब देखते थे
कभी अलीबाबा और चालीस चोर
वाली मरजीना भा जाती थी।

रेडियो पर बजते -
'दिल दीवाना बिन सजना के
माने ना
ये पगला है' गीत में
सजना को सचमुच का पागल
समझते थे और
उसे पागलखाने में
भर्ती होने जाने की बात
बता देना चाहते थे।

तब समझ ही नहीं आता था
कि हमारी बेसुरी कविताओं को
मौसी इतना प्रेम से
क्यों सुनती हैं
कहतीं हैं 'सिर दर्द की दवा है ये'।
रेडियो ढूँढने के क्रम में
कई बार उसे ही लाँघ जाते थे
पर वह न मिलता था।

तब तो 'पड़ला' को
बार बार बोलने पर भी
उच्चारण 'पलला' ही निकलता था

लकड़हारे की पूरी कहानी ही
समझ में नहीं आती थी
उस उमर में हम
अकसर
लकड़ियों को
लड़कियाँ पढ़ लिया करते थे।

पसीने की बूँदे

किसानों की पीठ से
नहीं सूखती
कभी पसीने की बूँदें
सूरज की आग से तपा चेहरा
जब भींगता है
झमाझम बारिश में
तब भी
नहीं सूखती बूँदें
उनके चेहरे से।

बारिश के पानी में
पसीने की बूँदें
घुल कर खेतों की मिट्टी में
समा जाती हैं।
खेतों से उगे अनाज
के भीतर भींन कर
दमकती हैं
हमारी थाली में।

किसान की पसीने की बूँदें
उतरती हैं

हमारे लहू में
हमारी आँखों के पानी में
जिसकी आँखों के पानी का
सूख जाता है
नमक
वो कभी नहीं समझ सकते
किसानों के पसीने की
कीमत।

पसीने की बूँदों की कीमत
लगाता है
बाजार
जो खड़ा है
मुनाफे के खूनी पंजों पर
उसके पंजों के निशान
पड़ जाते हैं
किसानों की पसीने की बोरी पर
जो अनाज की शक्ल में
अपने बिकने का इन्तजार करता है।

लम्बे इन्तजार के बाद खूनी पंजा
झपट्टा मार कर चूस लेता है
अनाज का रस
मिट्टी का रस
किसान के पसीने का रस।
कड़कती धूप में सिर पर मटमैला
अंगोछा सम्भाले
घर वापस लौटता है किसान

वर्ष भर की मेहनत के बदले
चन्द कमाई
बाजार खरीद लेता है
उसका सारा अन्न
और किसान
नहीं खरीद पाता
चन्द चीजें
बाजार से।

पार्टियों के बाद
प्लेटों में छोड़े गए अनाज
वापस किसान के पास
लौट आना चाहते हैं
क्योंकि उनकी कीमत नहीं होती।
कोई
मोटी तोंद वाला
अनाज का रस नहीं
किसान की आँखों का पानी सोख
कर बड़ा होता है।
मिट्टी का रक्त चूस कर
बड़ा हुआ रहता है।
किसान भूखे पेट
होते हैं बेहाल
मोटी तोंद में
अनाज आकुल
फिर से किसान के पसीने के नजदीक
आना चाहता है।
किसान के पसीने की बूँद

सवांरती है
अनाज को
अपने बच्चे की तरह।
किसानों की आँखों से
टपकता है पसीना
और पसीने की शक्ल में
उसके आँसू
जो कभी नहीं सूखते।

क्षमा

शाप देवता और साधु सन्त देते थे
ऐसा कथाएँ बताती हैं
जो तेजवान था
बलवान था
शाप दे देता था
किसी से क्रोधित होने पर।

बलवान तो असुर भी माने गए
पर उन्होंने किसी को शाप दिया हो
ऐसा सुना न गया।
शाप ऐसी चीज थी कि तमाम मिन्नतों के
बाद भी उसका पूर्णतः निवारण
सम्भव न था
आखिर क्यों?
क्या शाप दाता के
मन का क्षोभ कम न होता था
या कोई और न करे गुस्ताखी
इसलिए
थोड़ी सजा मुकर्रर कर दी जाती
सीख हेतु।

कथाओं में बड़ी चर्चा है
असुरों के अत्याचार की
लेकिन उनमें
न किसी निर्दोष स्त्री को पत्थर
बना देने वाली बात है
न किसी को भस्म करने वाली
न दृष्टिहीन
न क्षय
न ये
न वो
न...न...न...
न वो भी नहीं।
खैर छोड़िए
सवाल ये है कि
आखिर क्षमा कम किसके यहां थी?

बायोमेट्रिक

मशीनें मनुष्यों के लिए हैं
मनुष्य मशीन के लिए नहीं
यह अन्तिम पंक्ति है
शुरुआत तो यह है—
एक नयी माँ का नन्हा
आँखों में आँसू लिए
पैरों में लोट
उसे रोक लेता है
थोड़ी देर और।

रास्ते में ट्रैफिक थी जोरदार
उस नवयुवक को
देर हो गयी उस दिन
एक नौसिखिया
कई बुलडोजरों से
बचते बचाते
पहुँचा ऑफिस
एक ने वृद्धा को छोड़ा
उसके घर तक
देर हो गयी थी उसे भी।

मशीन बहरी है
और
हृदयहीन तो है ही
उसने दिखाया
सबों को समय से लेट
और मनुष्य की
जिन्दगी से छिनी
एक दया
एक प्रेम
एक हौसला
एक सहायता
और अन्ततः मनुष्यता।

ख्वाहिश

हिंसा में
गज़ब आकर्षण है
और उसके रूप
अनेक हैं
मनुष्यों के लिए
विशेषकर
पुरुषों के लिए
उनकी क्रूरताओं का
कोई हिसाब नहीं
और कोई सीमा भी नहीं
बन पायी है
आज तक

काश! हर पुरुष
थोड़ा सा माँ होता।

भूख

सभी जीवों के लिए
पेट की आग।
सिवाय मनुष्य के।
उसके पास
भूख की
अनगिनत किस्में हैं।

फूल और तितली

तितलियाँ
फूलों के रंग
से बनी होती हैं
फूलों की खुशबू उड़ती है
और बैठ जाती है
तितलियों के नन्हें परों पर
तितलियाँ फूलों पर बैठ कर
फूल बन जाना चाहती हैं
और फूल तितली।

कृषक

कृषकों के लिए
मौसम की मनोहरता
उसकी फसल के चेहरे से होती है
चाहे वह मूसलाधार बारिशें हों
या तपती कोई दुपहरी।
वह दोनों को ओजता है
हड्डियों से चमड़ी चिपकी
मुरझुराई अपनी पीठ पर।

कृषकों के लिए कोई
मौसम
'पाकीजा' फ़िल्म के गीतों की तरह
कभी नहीं होता।
मौसम का रूप देखना हो
तो कृषकों की आँखों से बड़ा आईना
कहीं और नहीं है।
मौसम की लुका छुपी में भी वह
बचा लेता है
अनाज
मौसम उसे नहीं छलता है
वह तो छला जाता है

बाजार में
जहां हर चीज का मोल है
जहां बिक जाते
उसके अनमोल
अनाज
कौड़ियों के भाव।

बेमोल बिक जाता है
उस के भीतर की धूप
अनगिनत बारिशों की बूँदें
अनाज के भीतर
समाई साँस
धड़कता नव जीवन।
प्रकृति की करवट उसे उदास नहीं करती
उदासी का कोई रूप है
तो वह
बाजार से लौटे हर कृषक के
चेहरे पर है।

बचाओ

यह गढ़ा गया
उम्मीद की किरण से लिपटा
एक प्रगाढ़ भरोसे से
जहाँ खतरे हुए
वहाँ सबसे ज्यादा बोला गया
यही शब्द
"बचाओ"।

इसे सुनते ही
दौड़ पड़ता था
आदमी
उसी दिशा में
कोई डूब रहा हो तो
कोई घायल हो तो
कोई संकट में हो तो
किसी की सांसें दम छोड़ रही हो तो भी।

बचाने के लिए
दौड़ने वालों की कमी न थी
आज कोई नहीं दौड़ता
इसे सुन कर

चाहे जितनी बार
और जितने जोर से
चिल्ला लिया जाय
"बचाओ" "बचाओ"
पर कोई कदम नहीं बढ़ता आगे
न हाथ
न मन
न ज़मीर
चाहे एक्सीडेंट में
तड़पता पड़ा हो रोड पर
या जलता रहे आग में कोई
छटपटाता रहे कोई नन्हा शिशु
या फिर
आती रहे किसी निर्माणाधीन
ऊंची बिल्डिंग से
रातों में किसी लड़की
के रोने की आवाजें।

"बचाओ" "बचाओ"
सुन कर भी
आ जाती है नींद
बाजार में यथावत चलती
रहती है खरीद
कोई अनसुना कर
बढ़ जाता आगे
कुछ लोग इकट्ठे हो
ऐसे देखते हैं
जैसे चल रहा हो

कोई तमाशा
कुछ जाते हैं डर
कुछ कहते
हमें क्यों हाथ डालना
किसी के पचड़े में
कोई कुछ
तो कोई कुछ
बस मारा जाता है
पुकारने वाला
"बचाओ"
मरता है भरोसा
मरती है उम्मीद
मरती चली जाती है
दया
और बचाने की संस्कृति
और अन्त में
मर जाता है
शब्द
"बचाओ"।

तुम्हें और हमें

फूलों को बचाना होगा
इससे पहले कि वे
इसकी मीठी
ताजगी से भरी
हर खुशबू को
दमघोंटू बारूदों की महक में
बदल दें।

नीले गगन में
उड़ते परिन्दों को
उनके परों को कटने से
बचाना होगा
इससे पहले कि वे
औरतों की हर सांसों पर
कब्जा कर बैठें।

तुम्हें और हमें
जल और जंगल को
हरसम्भव बचाना होगा
इससे पहले कि वे
कलकल करते

जल को तरल जहर
जंगल को कंक्रीट और
इंसानों की खूबसूरत झोपड़ियों को
रक्तचूषक
अँधेरी बिल्डिंगों में बदल दें।

बहाने और तरीके

माँ के पास
बच्चे को सुलाने के
सैकड़ों तरीके हैं

और बच्चे के पास
न सोने के हजार बहाने।

आह्निक-1

सबसे ज्यादा मिठास
अगर ढूंढना है तो
बच्चे का गीत सुनो
झरने की ठण्डक
तपिश में महसूस करनी है
तो उसकी हँसी के करीब जाओ।

धरती को सबसे ज्यादा ख़ुशी
मिलती होगी
कोई बच्चा
मुट्ठी में धूल भर कर जब
बेफ़िक्र खाता होगा
धरती तब सचमुच माँ की भूमिका
में होती होगी
जो अपने शिशु को गोद में समेटे
मातृत्व के झरने बहा रही हो।

बच्चा भविष्य है
उस पर अपना अतीत न थोपो
आखिर एक बच्चा
बादल, पानी, पुष्प, जीव

धरती और आकाश के
इतना करीब क्यों होता है
नसीहतें देते-देते
मैं हर बार सोचने लग जाती हूँ
कि एक फूल और मेरे आद्विक में
ज्यादा मासूम कौन है ?
बेशक वह
मेरा आद्विक ही है।

आद्विक-2

तुम्हारे सोने के बाद
सो जाती है घर की
सारी चहल पहल
जैसे सो गई हो
नन्हीं चिड़ियों की चूं चूं
तुम्हारे इन्तजार में चुप रहते हैं
सारे खिलौने।
हज़ार जतन कर
सुलाने के बाद
मन कुलबुलाता है
कि तुम्हें जगा दूँ
मेरे आद्विक।

माँ-1

माँ की गोद
सबसे सुरक्षित
जगह।
दुनियाँ का
एकमात्र और अद्‌भुत
सोने की जगह
सुकून का दरिया है।

माँ-2

माँ है
तो
शेर
भी
बच्चा है।

मधुमक्खी और किसान

मधुमक्खियाँ परिश्रम का
जीती-जागती प्रतीक हैं
और किसान भी।
मेहनत का फल छीना जाता है
इनका भी
उनका भी।
छली वे भी जाती हैं
छले ये भी जाते हैं।
फर्क सिर्फ इतना है कि
हर मधुमक्खी काटना जानती है
मगर हर किसान नहीं।

राजा अयोग्य है

राजा डरावना है
खूंखार है
क्रूर तो खूब है
हर किस्म का रक्त चूसने का आदी।
उसकी आवाज जंगल के कानों में
रस नहीं घोलती
रस घोलने की बात छोड़िए साहब
जब वह बोलता है
तब सारी हरियरी दहल उठती है।

पता नहीं किस पन्ने के किस हर्फ़ ने
उसे राजा घोषित किया होगा
वह पन्ना और वह हर्फ़ सचमुच
इतिहास में बहुत बहुत
चाटुकार किस्म का होगा
कि राजा उसे बख्श देगा
खुश होगा
हो सके तो बख्शीश भी दे दे
लेकिन जिसकी आँखों में
सिर्फ खलखलाती खौलती
भूख ही उतरती हो

वह कुछ दिन के लिये अपनी लिस्ट में
नाम भले ही पीछे कर दे
मगर बख्शेगा हरगिज नहीं।
वह उन हाथों का रक्त भी चखेगा
जिसने उसके लिए माँद बनाये।

वह अपनी क्रूरता के लिए
कुछ भी कर सकता है
बाकी चीजों में वह खुलेआम
अकर्मण्य कहा जा सकता है
जिस माँद में रहता है
उसे उसने बनाये थोड़ी हैं
वह तो सदियों से खड़े पहाड़ों ने बनाये हैं।
माँद क्या खाक बनाएगा
वह तो एक
नन्हीं चिड़िया के घोंसले जैसा
कुछ भी नहीं बना सकता।

वह दुनियाँ के खूबसूरत
कर्म करते हाथों की तरह
कुछ भी नहीं कर सकता
फिर भी घोषित है 'राजा'।
वह न तो जंगल की
खूबसूरती बचा सकता है
न अपनी प्रजा की रक्षा कर सकता है
'रक्षा' शब्द सुनकर हँसी आती है
दिल दहला देने वाली हँसी
कि वह तो जिस जंगल का राजा है

वहीं के हिरन, हाथी समेत
दूसरे जीवों को
मार मार कर खाता है।
क्या राजा वही है कि
जहाँ का घोषित हो सो कॉल्ड 'राजा'
उस जगह को कर दे वीरान
चूस ले वहाँ की नसों में
बहता सारा रक्त
और थपथपा ले अपनी पीठ।
जबकि कोई नहीं सुनना चाहता हो
उसकी गरज
फिर भी पेड़ की छाल पर
अनाधिकार रगड़ रगड़ कर मिटाता
हो अपनी खजुहट
और जबरन सबके कानों में
ठूँसता हो
अपनी कर्कश आवाज

वह तितली सा खूबसूरत नहीं हो सकता
वह हिरन की आँखों सा
मासूम नहीं हो सकता
वह मोर सा नृत्य नहीं कर सकता
हाथी जैसा सहज नहीं हो सकता
घोड़े जैसा निर्दोष भी नहीं हो सकता
वह दूसरे प्राणियों की तरह
कर्मठ तो हरगिज
नहीं हो सकता।

कहा जाता है कि
एक बार पड़ गया था
महान शान्तिप्रिय बुद्ध के आगे
तो डर गया था
इतिहास गवाह है
हर हिंसक शान्तिप्रियों से डरता ही है।
जब वह सिर्फ अपनी भूख के लिए
जीवित रहता है
इसलिए
यह कहना सही है
कि 'राजा अयोग्य है'।

मनुष्य-1

कोई जीव
नहीं बदलता
धरती की देह
सिवाय
मनुष्य के।
धरती
सभी जीवों को
समेटे रहती
अपनी गोद में
उस पर पहला और
अन्तिम वार करता है
सिर्फ मनुष्य।

मनुष्य-2

जाने कितने लोगों से
रोज रौंदी जाती है
धरती
और स्त्री
उनकी मूक आह
देखी जा सकती है
हत्यारों से घिरे पेड़ में
नदियों में
जानवरों और पक्षियों
की आँखों में।
हत्यारों का पता
सिर्फ और सिर्फ
मनुष्यों के घर तक आता है
और ताज्जुब है
धरती और स्त्री
रौंदने वाले
सिर्फ और सिर्फ
मनुष्य ही हैं ।

मनुष्य-3

हिंसक जानवरों से डरा
मनुष्य
जंगलों से भागा
गाँव शहर बसाया
सभ्य सुसंस्कृत बना
और फिर
बना वह
सबसे
दुर्दान्त हिंसक जानवर।

कौन चाहता है ?

माँएँ नहीं चाहती युद्ध
पत्नियाँ नहीं चाहती
बहनें भी नहीं।
माँ, बहन और पत्नी से सगा
कोई और नहीं
तो आखिर ये कौन लोग हैं
जो चाहते हैं युद्ध?
अरे! ये तो कुछ
सुविधाभोगी लोग हैं
जो चाहते हैं युद्ध
सत्ताएँ चाहती हैं युद्ध
बस शर्त यह कि
युद्ध में जो मरे वह आदमी
दूसरा होना चाहिए
सेनाएँ तो मारी ही
जाती थीं युद्धों में
मगर
राजा भी मरता था
कई बार राजकुमार भी
मरते थे
और रानियाँ भी।

आज युद्ध क्षेत्र का
चुनाव नया है
जिससे गायब है राजा
और गायब हैं उनके राजकुमार
उनके नात, रिश्तेदार
सगे सम्बन्धी
सब गायब हैं।
यही चाहते हैं युद्ध

अरे! सेनाओं भेजो इन्हें ही
सरहदों पर
तब जाकर पता लगेगा इन्हें
जीवन को लहूलुहान करती
मौत की दहशत
आखिर होती कैसी है ?

रूप

भूख का
हिंसक की आँखें।
ममता
माँ का
उतरता दूध।
प्रेम का
खिलता हुआ पुष्प।
सहारा का
नन्हें बच्चे
की नन्हीं हथेलियों
में वृद्ध का हाथ और साथ।

सबसे बड़ा अपहरण

सत्ता ने लोकतन्त्र को
अपहृत कर
फोड़ी उसकी आँख
तोड़े हाथ, पाँव
और रीढ़।
सबसे अहम्
काटी जुबान
थमाया हाथ में
कटोरा
बैठाया सड़क पर
'ले माँग भीख'
जिसे मैं डालूँगा
चुनावी बयार में
हर्फों में
दर्ज है यह
समय का
सबसे बड़ा
अपहरण।

मजदूरों की मंडी

बेबसी में
खड़े
अपने बिकने का
इन्तजार करते
व्यक्तियों के समूह की
पहचान
मजदूरों की मंडी।
उसमें नहीं दिखते किसी को
कोई पिता है।
कोई बेटा
कोई दादा ताऊ
चाचा
भाई
वे पहचाने जाते
सिर्फ एक नाम से
मजदूर।
चिलचिलाती धूप
हो या ठिठुरन
भरा दिन
आज नहीं बिके
तो घर में

नहीं जलेगी आग
सिर्फ जलेगा पेट
नन्हें बच्चों का।
माओं को तो
वैसे भी
जलते पेट रहने
की होती है आदत।
बस नहीं जलता
दिल कुछ लोगों का
वे क्या जाने पीठ पर
जलते सूरज ओजने पर
कैसा लगता है
या धारासार
बारिशों के थपेड़े।
उन्हें चाहिए
अपनी साइट के लिए
सिर्फ हाड़ सुखाने गलाने वाले
मजदूर।
जो कि
मिल जायेंगे
बड़ी आसानी से
सस्ते से सस्ते
दामों पर
मजदूरों की मंडी में।

कुछ ओहदे वाले लोग

गायब होती है
नमी
कुछ ओहदे वाले
लोगों की आँखों से।
होता है उनके पास
बस दिखावे का
च्च... च्च... च्च...।

इन्द्र का सिंहासन डोलता है

जब कोई दत्त चित्त हो तप करता
तो झट डोल जाता
सिंहासन इन्द्र का।
तप एकाग्रता, संयम, दृढ़ता
और क्षमा का प्रतीक
किसी के तप से
भला क्यों डोलता होगा
सिंहासन इन्द्र का?

अनुमान होता है
किसी तपस्वी के प्रति सम्मान
की अधिकता हो जाती होगी
उसका केन्द्र बिन्दु बनते जाना
राजा को भला यह कैसे बर्दाश्त हो
बस झट डोल जाता होगा
उसका सिंहासन।

किसी जन नायक किसी कर्मठी की
कर्मठता से आज भी डोलता है
सिंहासन इन्द्र का
नाखुश हो जाती राजसत्ता

और फिर शुरू होती साजिश
तप भंग की
राजपदाधिकारी होने लगते हैं
एकत्रित
बनती हैं योजनाएँ
बुलाहट होती है
किसी अन्य की
तप भंग की योजनाओं को
कार्यान्वित करने के लिए।
ऐसे में घर जलता है
उस अन्य का भी
देर सबेर
बस सुरक्षित रहते हैं
राजा और
राजपदाधिकारी ।

कमाई

माँ
प्यार कमाती है।
धरती
दरद।
बहनें
पहले झगड़ा
फिर माँ का दर्जा।
किसान
ऐसी झोली कमाता है
जो उसे ठगती है
बार बार।
मजूर
फटकार और
कभी कभी दया।
बॉस
खड़ूस चेप चिरकुट
जैसे नाम
और अतिशय आत्ममुग्ध
सामने चापलूसी
और
पीठ पीछे
गाली कमाता है।

सरनेम

नाम के साथ ऐसे चिपके रहते हैं
जैसे अस्थियों से
नई चमड़ी
रगों में लहू बन कर
बहता है वह
अक्सर नाम को भी
दे देता है मात।
पहचान है सरनेम
नाम जैसे स्त्री
और सरनेम पुरुष
व्यक्तित्व के गढ़ाव में
अहं के भाव में
गले की गरज
गालियों की बौछार में
गूंजता है सरनेम।
निम्नता,तुच्छता
हिकारत भरी नजर
उपजती है
जैसे इसी से
आदमी का कद हो जाता है छोटा
सरनेम ढंक लेता है उसे।

आगोश में लेकर
जला देता है
मनुष्यता के भाव को
जैसे भून दिए जाते हैं
दलित माँओं के बच्चे।
सरनेम से
खतरा होता है
अव्वल दर्जे आने वाला लड़का
सहमा-सा रहता है।
अपनी इस्त्री की हुई शर्ट
अपनी बोल चाल
और हाव भाव से
छुपाता,ढँकता,बचाता
ऐसे रहता है
जैसे लुच्चों के बीच से
गुजरती लड़की
अपनी देह
उनकी जलती निगाहों से
ढंकती हुई चलती है।
एक पिछड़े वर्ग का युवक
अगड़ों के बीच
कुछ अगड़ों की सी अकड़
लेकर रहने की
आदत डाल लेता है
इसलिए
सरकारी पदों पर
आवेदन करते समय
छुपाता है अपना

अन्य पिछड़ा वर्ग प्रमाण पत्र
घायल कोई आदिवासी
समझ नहीं पाता कि
उसकी गलती क्या है
और अपनी माँ से कहता है
क्यों पैदा किया उसे।
कोई झूलता है फन्दों से
कोई पीटा जाता है
किसी के लहू की धार
भी नहीं धो पाती इसे
किसी सरनेम में धौंस है
किसी में मिमियाहट
किसी में आँसू
कोई सरनेम
अछूत कोई छूत
छूत कोई अछूत
अछूत छूत
छूत अछूत
काश! मनुष्यता ही सरनेम होती।

सभी औरतों के लिए

औरतों, तुम्हारी कोई जाति धरम नहीं
तुम हर जाति धरम में औरत ही हो
इसलिए यह स्वीकार करो कि
तुम्हारी जाति औरत ही है
और किसी कुल में
जन्म लेकर
कतई इतराना मत
पितृ सत्ता की तेजाबी दहक
एक दिन तुम्हें भी झुलसाएगी।

जब तक तुम
सारी औरतों का दर्द नहीं समझोगी
तब तक तुम सताई जाओगी
तुम नहीं तो
तुम्हारी बेटी
बेटी न सही
नातिन तो अवश्य झुलसेगी
इस दहक में।
बलात्कारी, हिंसक
और तेजाब फेंकने वाला
एक दिन तुम्हारा

किसी कुल में जन्मना नहीं देखेगा।
औरतों, अगर लामबन्द नहीं हुई
तो हर युग में
सबसे ज्यादा तुम ही सताई जाओगी
एक बार इतिहास में झांक कर देखो
तुम जलाई गयी, नोची-खसोटी
लूटी और बेची गयी जैसे
मंडियों में बिकता है अनाज
तुम पर फेंका गया तेजाब
आये दिन तुम झिड़की और
पीटी गयी
तुम्हें कपड़ों से लाद कर
तहज़ीब उसने सिखाया
जिस पुरुष की आँखों में
बेशर्मी का नंगा नाच चलता है।
उच्च पदों पर पहुँच कर तुम
भले ही बचा लो अपनी बेटी को
लेकिन जब तक
पुरुषवादी सोच रहेगी
तब तक तुम्हारी पीढ़ियाँ
कतई सुरक्षित नहीं रहेंगी
याद रखना।

सभी पुरुषों के लिए नहीं

पुरुष तुम नगर में बस गए
पुरुषत्व के दम्भ की केचुली भी उतार ली
शिक्षा का चोंगा पहन लिया
फिर भी तुम विषधर ही रह गए
जब एक स्त्री
अपनी ऊचाईंयाँ हासिल करती है
तो तुम्हारे दिल पर साँप लोटता है
उसे झपट कर नीचे गिराने और
उसकी जगह दूसरे पुरुष की सत्ता बनाने में
तुम इंसानियत तक छोड़ देते हो।

बहू की डायरी-1

नानी के जाने के बाद
कुछ नहीं बदला
बस परिवार में एक सदस्य
कम हो गया।
रोज अलग से सानी गयी
दूध रोटी, दाल रोटी की कटोरी
किनारे रख दी गयी
आधे फ़ीट की ऊंचाई वाली खाट
उदास हो गयी
होती रही बुवाई
निराई गुडाई
खेतों से तोड़ कर लाई गई
सब्जियाँ
लद कर जाती रहीं बाजार
मिट्टी के चूल्हे पर
खोए की शक्ल में
बदलता रहा दूध
पकता रहा खाना
छौंक लगती दाल
छौंक से याद आया-
अब नहीं खाँसता कोई

छौंक के बाद
नानी ही थी
जिनके गले पर
मिर्ची की गन्ध उड़ कर
बैठ जाती
कुछ नहीं बदला नानी के जाने के बाद
बस घर में सुंघनी आनी बन्द हो गयी
सुंघनी नानी की आत्मा
की साथिन थी।
नानी की धूसर सफेद साड़ी
अब नहीं सूखती
न गीली होती है।
घर में गोदने से भरे हाथ
अब नहीं दिखते
न सुनाई पड़ती है उनकी
गोदना गोदाने के समय की दर्द
भरी कहानी
कहा करती थी नानी-
बहुत छोटी थी मैं
जब लोगों ने जबरन
ढकोसले का दाग उमर भर के
लिए दे दिया
तब मैंने कहा था-
पुरुषों को भी जबरन
गोदना गोद देना चाहिए
गर वे अपनी स्त्रियों को
गोदना गोदायें।
तब झुर्रीदार चेहरे पर

हँसी खेल गयी थी
नानी बोली-
आज की औरत है तू
पुरुषों को पकड़ कर गोद दे गोदना

तब छत पर खिलखिलाई थी
मिली जुली हंसी
नीम के पेड़ों से उड़ी थी
कबूतरों की टोली
बही थी ठंडी हवा
नानी के जाने से कुछ तो नहीं बदला
बस अजिया सास और
उनकी नतोली बहू की
मिली जुली खिलखिलाहट
दुबारा कभी सुनाई नहीं देगी
इस धरती पर
न नानी के काँपते डोलते डगमगाते
पांव उतरेंगे सीढ़ियों से
और न उनकी खाट बिछेगी
नानी का अक्स टँगा है
दीवार पर एक धूसर माला पहने
नहीं बदला कुछ नानी के जाने के बाद
पर बहुत कुछ बदल गया उनके जाने के बाद।

बहू की डायरी-2

बहू की डायरी में
सास माँ है
'मम्मी जी' नहीं।
'मम्मी जी' से अपनेपन की फीलिंग
के बीच लग जाता है
बैरिकेट
कुछ करने से पहले
पूछना हो जाता है जरूरी।
'माँ' से कुछ पूछना नहीं होता।
सास को बेटे से
ज्यादा भरोसा है
बहू पर।
बहू की लाइफ स्टाइल
वैसी ही है ससुराल में
जैसे हॉस्टल में
बिन्दास...मस्त...और झक्कास।
अपने हिस्से की मिठाई
रख देतीं है सास
बहू के कमरे के डिब्बे में
और बहू उसे चट कर देती है
रात में शरलॉक्स होम्स की

कहानियाँ पढ़ते पढ़ते।
कान में ईयर फोन डाले बहू
बिजी है लैपटॉप में
जो सास की भाषा में है 'लीपटाप'।
अरसे से घर में चली आ रही
परम्पराओं को
निभाती है सास
मगर फिक्र नहीं कि
उनके बाद कौन निभाएगा इसे।
पढ़ाई लिखाई से फुर्सत पाकर बहू
बैठती है सास के नजदीक
और देस-परदेस-विदेस-स्वदेस की बातों पर
चलने लगती है- हूँ... हां...ऊँह...ओह...बाह।
बातों का सिलसिला नदी सा बहता है
और पटीदारों पर आकर रुक जाता है
फिर हवा में उमड़ते हैं
मिलीजुली हँसी के फुहारे
धरती में उगने लगती है दूब
फुलवारी में दुबका
खरगोश निकल आता है बाहर
गोइठे के घर में बसेरा डाले
मधुमक्खी के छत्ते में भर आता है
मीठा शहद
सास बहू की जोड़ी से जलती हैं
कुंए की जगत पर
सात पुस्त बखानने वाली औरतें
बहू नहीं कहती सास को सास
उसकी डायरी में माँ है सास।

दहेज़ ले लो दामाद जी!

दहेज़ ले लो दामाद जी!
दहेज़ ले लो...
बड़े रौब से अपने शौक
के भंडार की चिट दे दो
एसी फ्रीज़ टीवी
बेड बक्सा अलमारी ले लो
सोफा तकिया सक्रिया
रजाई ले लो
टी सेट डिनर सेट
ये सेट वो सेट ले लो
कपड़ा सपड़ा
उलेन सूती रेशमी ले लो

दो पहिया चार पहिया भी लो
अपने गुरूर की खातिर
डायमंड रिंग ले लो
तरकारी के भाव
किलो किलो सोना ले लो
बैंक के सारे नोट ले लो
जो कमाई न कर सको
वो सब दहेज़ में ले लो

ब्याह के नाम पे
घर लूट लो दामाद जी
दहेज़ ले लो दामाद जी!
दहेज़ ले लो...
घर – बार
छान – छप्पर
गाय भैंस ले लो
बच्चों के दो जून की
रोटी ले लो

भौजाई की जली कटी ले लो
बेटी की माँ की आँखों का पानी ले लो
बाप की दमड़ी ले लो
दादा की ठठरी ले लो
भाई की चमड़ी ले लो
दामाद जी !
दहेज़ ले लो दामाद जी
दहेज़ ले लो।

औरतों आओ

औरतों आओ
अपने खिलाफ
उठाये गए हर हाथ को
तोड़ दो
हर गन्दी नजर वाली
आँखों को फोड़ दो
हर गन्दी सोच वाले मस्तिष्क को
इस ब्रम्हांड से ही ख़तम कर दो
जला दो हर कुकर्मी को
फिर देखो
ये दुनिया
हर गन्दगी से बच जाएगी।

कन्वर्ट

पैसे से पहचाने जाने लगे हैं रिश्ते
गाँवों में भी अब
पैसा ही पैमाना रह गया है
भर दिन ऑफिस में खटने
और देर रात रेंट रूम पर
लौटने वाले लड़के को
घर रिश्तेदार
पैसे के रूप में देखने लगे हैं।

नहीं जोड़ते वे
महानगरों के टेन बाय टेन रूम का रेंट
आने जाने का किराया,
दूध सब्जी आटा दाल मसाले
रोजमर्रा के खर्च।
दोस्तों की धर पकड़ में आ जाता है
वह कभी कभी
सो उनकी गरम पार्टी का भुगतान
भी करना होता है उसे
वरना उड़ाएँगे वे खिल्ली
अलग नाम रखेंगे
उसका ऑफिस में

कंजूस या फिर कुछ और...
हो जाएगा आइसोलेट
लड़कियाँ उड़ाएँगी मजाक
कहेंगी मम्मा'ज़ बॉय है
और हँसेगी खीं खीं खीं।
इन सब के भुगतान के बाद
थोड़े बचे पैसे को
रिश्तेदार समझते हैं
'बिन मेहनत पेड़ पर उगा हुआ'
और अकसर माँग लेते हैं उसे भी
अपनी जमीन खरीद के लिए।

घर रिश्तेदार
नहीं जोड़ते
खाली पेट दौड़ते हुए
बस पकड़ना
मेट्रो की धक्कमपेल
थकी धूल भरी आँखों को
जबरन खोल कर काम करना
देर रात तक जगना
तीज त्योहार पर
पूरी कचौरी खीर वगैरह
याद करते हुए
बिन छौंकी दाल रोटी खाना
नहीं जोड़ते वे और भी
बहुत कुछ।

महानगरों की

औसत दर्जे की एक नौकरी
कितना थाम्हेगी
छोटों की पढ़ाई
छोटियों की शादी
लोगों की दवाई
तीज त्योहार की भेंट
भाई भतीजों की नेग
मामा होने का फरज
जीजाओं का अनलिमिटेड
मुंह फुलौवन
फुफ़ाओं की छूटी
पुरानी दरकार।
कितना थाम्हेगी
भाइयों का घर बैठे
खाने का ख़्वाब
उनके वजनी जेब खर्च की
कसमसाहट।
रेंट बिल
बिजली बिल
राशन पानी का खर्च
दूध सब्जी रिड्यूस होने लगते हैं
धीरे धीरे।

नात रिश्तेदार की भरपाई
होने लगती है
मजबूरी के क्रेडिट कार्ड से अब
पर सताता है
अगले महीने पेमेंट का भूत

नात रिश्तेदार क्या जाने
पेनॉल्टी सेनॉल्टी
समझाने की कोशिश पर
कहते हैं
'...हां त दे दिहा
तनखहिया त आई जाय
महिनवा के बाद।'
और घेर लेती हैं
ढेर सारी चुप्पी
लड़के को।
उसकी अंगुलियाँ करती हैं
कन्वर्ट वर्ड टू पीडीफ
और
वह हो गया है कन्वर्ट
आदमी टू पैसा।

संवाद

झांसी की रानी सीरियल पर
एक आँख गाड़े
हाथ लपर लपर बेल रहे रोटियाँ
और चल रहा
संवाद
'अरे लड़ाई सरकार धोखा देगी ओनखे
लखमीबाई के पते नाहीं कुछु'

रोटियाँ झपक कर तवे पर से
होती हुई बरतन में
छपक से कूद कर आ रही
ए त्तेरी के ...इहे त खंझटी बा...
ओ त्तेरी भला लखमीबाई के मारे खातीन
तलवार ले ले बा...
...उत्त...ऊँ हूँ....
ब्रेक—'केशकिन आयुर्वेदिक तेल से
सिर्फ पुराने बाल झड़ना नहीं
नए बाल उगना भी शुरू हो जाते हैं...'
रोटियों के बिलने, सिंकने में
तेजी आ जाती है अब

मन दौड़ता है
इतिहास के पन्नों पर
झलकारी बाई लक्ष्मीबाई से होते हुए दुर्गा भाभी
के कारनामों की कहानियाँ
गीत की तरह फूटने लगती हैं
...इसलिए तो कहते हैं
लड़कियाँ न किसी से कम थीं
न अब हैं
ये सब घर में रखने और ढकोसला
निभाने की बातें काम नहीं आती...
'अरे...ऊ जेनकर पिछवरवां घर हे
ओनकरे घरे क कुलि लड़कियन छछकी हइन
आठ बजे तक छुछुआत रहेन सब'

बस सहसा ठप हो जाता है
संवाद।
अठारहवीं सदी से इक्कसवीं सदी तक
स्त्रियों के संघर्ष का शानदार इतिहास
एकबारगी पिछवाड़े के घर की लड़कियों
के चरित्तर बखान में डूबने सा लगता है
तवे पर रखी रोटियाँ जल जाती हैं
मन राख राख सा हो जाता है
जीभ पर सदियों की उड़ती राख
जम जाती है
और मन सिहर जाता है

सत्रहवीं...अठारहवीं....उन्नीसवीं सदी
कब...कहाँ...कैसे...

...इक्कीसवीं सदी..
अभी तक क्यों....
भीतर ही भीतर तेजाब जैसा कुछ
खदबदाने लगता है
...और टी वी पर दौड़ता रहता है
लक्ष्मीबाई का घोड़ा।

शमशान

शमशान-सी ख़ामोशी थी
और कहा उन्होंने–
तारीखों में इसे 'अमन' लिखना
जुबाँ पर ठोंकी गयी कीलें
कहा उन्होंने–
उसके बयान
'मुकद्दर में चमन' लिखना
हर रात रौंदते खवातीनों को
और कहते–
अख़बारों में इसे 'बहन' लिखना

वहशियत उनकी सरेआम थी
लहूलुहान सरे राह थी
वे कहते–
इसे मेरी 'अदब' लिखना

बेहिसाब कंगाली के दौर थे
और कहा उन्होंने–
इसे 'अशर्फियों की खनक' लिखना

दरक रही थी धरती
दरक रहे पहाड़

खा रही थी पछाड़े नदियाँ
उड़ चुकी थी
बदहवास हर एक चिड़िया
गायब थी
रंगीन तितलियाँ
नालियों में उतरा रही थी
नन्हीं बच्चियाँ
कहा उन्होंने –
इसे मेरा वतन लिखना।

भूत

भूत क्या है
भविष्य की वे
अनहोनियाँ हैं
जो कुंडली मारे
बैठी रहती हैं
भूत से डरते हैं कुछ लोग
हमारे दादा परदादा तो
उन्हें दो चुटकी
सुर्ती चूने में निपटा देते थे
कोई कोई तो कुश्ती में पटक भी
देता था
उस छाया को।

सताए गए लोग
जरा गहरे सोचो
तुम्हारे और तुम्हारी पीढ़ियों
के साथ क्या अनहोनी घटेगी
उसे सुलझाओ आज ही
भूत को ठीक करो वर्तमान में
ताकि न घटे कोई अनहोनी
भविष्य में।

जोर से बोलो
भूत भागेगा
अपने नायकों की राह चलो
भूत भागेगा
मन का अँधेरा मिटाओ
भूत भागेगा
जब सताए जाओ
तो तन कर खड़े हो जाओ
पलट कर दो जवाब
भूत भागेगा।
भोले मनुज तुम्हारे
आँखों के समक्ष ही
रहता है भूत
तुम्हारा भोला मन उसे अँधेरे में
देखता है
पुस्तक उठाओ कलम उठाओ
तलवार बनाओ
न्याय की छड़ी
अपने पाले में ले आओ
भूत भागेगा।
याद रखो भूत डरता बहुत है
इसलिए कहानियाँ बनाता है
और रहता है उसमें।

गाँव

गाँव बदलने लगे हैं
शहरों की शक्ल में
शक्ल बदलते ही
बदल जाता है व्यक्तित्व
हाव-भाव, भंगिमाएँ
और
बहुत कुछ।

प्यारी माओं के लिए

ओ मेरी प्यारी माँओं!
कैसा लगता है तुम्हें
जब तुम्हारा बेटा
अपने बाप के पद की धौंस पर
किसी बेटी की देह रौंद
फेंक आता है
उसे नाले में।
कैसा लगता है
जब वह तुम्हारे हाथों
बनी थाली खाकर
एक दिन कह उठता है—
'माँ ! तुम मेरे मामले में
इंटरफेयर मत किया करो'
कैसा लगता है
तुम्हें
जब किसी के मुंह पर
एसिड फेंक
वह घर आता है
तब उस एसिड की धार से
तुम्हारा कलेजा
जरुर झुलस जाता होगा।

कैसा लगता है जब
सत्ता के भूखे भेड़ियों द्वारा
वफ़ादार कुत्ते के मानिन्द
वह दौड़ा दिया जाता होगा
और
मनुष्यता भूल
रेत आता है
जब वह किसी का गला।
गाहे-बगाहे
उसके कुकृत्यों पर
तुम खुद को
कोसती जरुर होगी
ओ मेरी प्यारी माओं
बोलो कुछ।

सीख

बेटियों को नहीं
बेटों को दीजिये
कि हद में रहें अपनी
राह चलें तो
नजरें चुराना नहीं
नजरें झुकाना सीखें
सम्मान और प्रेम का
असली मतलब जानें
किसी के लिए
तन कर खड़े हों
तो उस राह को पहचानें
धरती को ऐसा बनाएँ
कि बेटियों को
न हो शिकायत
बेटियों को बेटा कहने से पहले
बेटों को बेटी होना सिखाएँ।

नमी

पत्थरों ने सँजोया है
जल के सोते
वे कहते हैं
'पत्थर दिल है'।

बादल और धरती

जब भी बरसता हूँ
तुम्हें धोने के लिए
दो पाया लोगों के
फैलाये गए कचरे बहने लगते हैं
वे बहते हैं
तुम्हारी देह पर
और मैं महसूस करता हूँ
जैसे किसी ने उछाल दिया हो
मेरी देह पर गन्दा पानी
और मेरे सितारे
हो जाते हैं
घायल

हर बार बरसता हूँ जब
तुम्हें धोने के लिए
तब तुम्हारी देह पर सड़न होने लगती है
दरअसल, अब बरसता नहीं हूँ
रोता हूँ मैं
मेरे आँखों के आँसू
मेरे रोकने के बावजूद
गिर पड़ते हैं

ढर ढर बहने लगते हैं
धरती क्या करूँ मैं
बेहिसाब
याद आता है
मुझे
तुम्हारे आँचल पर फूलों से
कढ़े बेलबूटे
मंडराती रंगीन
तितलियाँ
हिरनों की कुलेल
मछलियों की अठखेली
लताओं की लचक
सख्त दरख़्त में
गिलहरियों का घर
चिड़ियों की
मिठास भरी धुन

बहुत कुछ
अनकहा रह गया है
मेरे गले रुंध गए हैं
भाषा चुक गयी है
शब्द जम गए हैं
कहा धरती ने
मैं तो• इन्तजार करती हूँ
हरियरी ओढ़ने का
जब हरियरी गहराती है तो
तुम्हारे सितारों की झिलमिल
फूलों में ढल कर बिखर जाती है

डगर डगर
तुम्हारे अनजाने देस
की परियाँ
तितलियों के भेष में
फूलों से बतियाने आती है
गर तू न बरसा
तो बंजर हो जाऊंगी
मेरी खुशबू खो जाएगी
और मर जाऊंगी मैं।

बहू का घर

सास उतारती है
बहू को
घर के भीतर
ले जाती है
धीरे-धीरे
समझाती है कुछ
जरूरी बातें

सँभालती है
बहू के लड़खड़ाते कदम
दिखाती है
घर का कोना कोना
बताती है
घर-गृहस्थी
रिश्ते-नाते
सबकी पसन्द-नापसन्द
अजिया के समय की
पुरानी बातें।

सास खाना ले जाती है
बहू के लिए

क्योंकि
बहू है अभी
घूँघट में
सास सौंपती जाती है
आहिस्ते-आहिस्ते
अपना घर
बहू के हाथ।

सास का घर

ससुराल
आहिस्ते-आहिस्ते
हो चला है
बहू का घर।
पहले सास बताती थी
कि क्या बनेगा
खाने में
अब बहू बताती है
सास को
कि
क्या बना है
खाने में।

बहू के आने के बाद
सास को अपने बेटे
के बारे में पता
चलती हैं
ढेर सारी बातें
उसकी नयी पसन्द
नया डिसीजन
उसकी तबियत

काम-धाम
उसकी व्यस्तताएँ
उदासी और थकान।

सास धीरे-धीरे
सिमटती जाती है
एक कोने में
जोहती है
खाना-पानी
स्वीकारती जाती है
सब कुछ
कि अब वो घर
बिल्कुल नये रंगों से सजा है

सास धीरे-धीरे
ढल जाती है नये रंग में
सास का घर
आहिस्ते-आहिस्ते
हो चला है
बहू का घर।

दादी

पढ़ने के लिए निकले थे
तब दादी के बाल काले थे
और लम्बे भी
दुआर पर खड़ी थी
निहार रही थी हमें
ढर ढर आँसू गिर रहे थे
आँखों से
तब समझ ही न आ रहा था
की बड़े लोग भी क्यों रोते हैं
हड़बड़ी में थे हम लोग
बनारस बस से जो जाना था
लौटे तो अगला साल
आ गया था
दादी के बालों पर कुछ और
सफेदी चढ़ गई थी
पहले साल फिर दो साल
कुछ साल
और फिर सालों बाद
लौटे हम
दादी के बाल
होते रहे सफेद

एक के बाद एक
फिर सब पर चढ़ गई
सफेदी
एकाएक
हम घर पहुँचे थे जो
कई सालों बाद
दादी जब गीत गा गा कर
सदाब्रिज सारंगा की
कहानी कहती तो
हमारी आँखों में उनके
अनोखे चित्र बनते जाते
वो जब मट्ठा महती तो
मक्खन के लिए
हम हाथ पसारे रहते
एक बार तो उसे सोते में
किसी तरह खींच खाँच कर
दूसरी जगह पर रख दिया था
पूजा करते समय
दादी दादी चिल्लाना
याद है ताकि
वो मन्त्र भूल जाये
और फिर से पढ़े
और हम चिल्लाएँ फिर से
दादी दादी।

वी. आई. पी.

नेताओं का
काफिला जब गुजरे
तो थोड़ी
जगह मिले
जन को भी
ताकि निकल सके
कोई एम्बुलेंस

बच्चे के लिए
दूध लेने निकले
बाप को
हो न जाये देर
किसी वृद्ध को
न करना पड़े
इन्तजार

सड़कों पर घंटों
पुलिस के डंडे से
न धकियाये जाएँ
लोग
एक व्यक्ति के लिए

हजारों की भीड़
न रहे थमी
चुनाव जीतने के बाद
कोई भी नेता
न हो वी. आई. पी.
की लिस्ट में,
सिवाय
जनता के।

पितृसत्ता

बेटी पांच साल
बेटा लगभग दो
दादी अम्मा ने कहा
बेटी से
"तूं दौड़ तो
भइया दौड़ेंगे"।

समय

एग्जाम हॉल में
पहाड़ जैसे होते हैं
तीन घण्टे
उसी हॉल में
पल भर जितने
नन्हें हो जाते हैं
तीन घण्टे।

मन

दुपहिया से उतरते हुए
कड़क धूप से बचता हुआ
मन खोजता है तनिक छाया
और चार पहिया से
उतरते मन के
पीछे तक चार पहिया वाली
महक चली आती है
दूर तक
देह की ठसक में झलकती है
साफ साफ
बातों की कड़क में भी
जाने इन दो पहिया और
चार पहिये में अन्तर क्या है
अन्तर अगर संख्या का
होता तो
ट्रक वाले ज्यादा ठसक दिखाते
रात की वसूली में वे
सौ पचास रुपया न
पकड़ाते जाते।

वैतरणी पार

असफलता सफलता
की पहली सीढ़ी होती है
आज यही पहली सीढ़ी
बार बार चढ़ी जाती है
विशेषकर साक्षात्कारों में
और ताज्जुब है कि
असफल होने का
बुरा भी नहीं लगता

परिणाम के बाद
शेष रह जाता है
चर्चाओं में
'बड़ा जुगाड़ू था'
ऊपर वाला था
अरे उ तो उनका खास है
कनेक्शन तगड़ा था,
वेटिंग रह गए हम
पैसा दिया था
एक्सपर्ट का कंडीडेट था
वगैरह वगैरह

तब तो
हाई स्कूल में फेल होना
मतलब चुल्लू भर
पानी में डूब मरने जैसा था
सरे आम चाली कुचाली
रिश्तेदारों के बीच
अपने परिवार की
इज्जत उछालने जैसा था

चयनित न होने पर
अब तो माता पिता भी
कहने लगे हैं
कि कहीं से जुगाड़ देखो
साक्षात्कार में सफल होना
वैतरणी पार होने जैसा है अब।

सवाल और जवाब

लड़की अगर बाहर गयी है तो
शहर में पूछने पर
मिलने वाला जवाब -
'हां... कुछ काम था। बाहर गयी है।'
गाँव में यही सवाल
पूछने पर गाँव के लोगों के जवाब-
'के जानी कहाँ गइल बा...।'
'का पता...केहर छुछुआत बा।'
'भोरहरिये से बिलाइल बा।'
'ओकर कोई के कुछु खबर थोड़े बा केहर केहर चौडरी मारत बा।'
'सगरी बजार दांवत बा के घरे में टिकी एको दिना।'
'गइल होई कौनो के साथे चाट फुलकी खाये।'
'कौनो एक मिला के रखले बा...ओनहने में से कौनो ले गयल होई कहरो ओके।'
'एकदमे बह गइल बा ...घरे दुआरे क चिन्ता थोड़े बा, मटकत होई केहरो।'
'निखरहरी के लाज सरम थोड़े बा, खात बा अ निकल जात बा छुछुआये।'

पूजा

स्त्रियों के लिए
पवित्र होने का प्रमाण दो
प्राण दे दो पर कौमार्य की रक्षा करो
जिन्दा जल जाओ
रजस्वला होने पर छुओ मत
दूसरा ब्याह न करो
बाहर मत जाओ
मत बोलो
ढंग के कपड़े पहनो
प्रेम मत करो
....'हें हें जी...हम तो स्त्रियों की पूजा करते हैं जी'।

कच्ची और पक्की सड़कें

पक्की सड़कें
जल्दी पहुँचाती हैं
गन्तव्य तक
कच्ची सड़कें
धीरे धीरे
पक्की सड़कें अक्सर
कभी नहीं
पहुँचने देती गन्तव्य तक
पीछे ता उम्र
इन्तज़ार करता है
किसी किसी का परिवार
खून के बहुत सारे इल्जाम
हैं पक्की सड़कों के माथे
कच्ची सड़कों पर
करुणा रहती होगी
देर से ही सही
मगर घर लौट आते हैं
सबके अपने।

समुन्दर

मेरा
काव्य से गुजरना
वास्तव में अनुभव के दौर से
गुजरना है
शायद, यह एक वजह हो सकती है
मेरी ख़ामोशी
और
मेरे चुप न रहने की

रचना पढ़ना
महज पढ़ना भी हो सकता है
मगर मेरे लिए
अक्सर और
प्राय:
हमेशा ही
स्वयं उसी पात्र में
तब्दील हो जाना है
मेरा पढ़ना

महज काले शब्दों से
मुलाक़ात भर नहीं

उन आँसुओं से मुलाक़ात है
कमोबेश जो
बंटवारे के दौर में
मनुष्य और पशु के
एक ही होते हैं।

अन्तहीन अन्तर्वेदना-1

गैलरी के बाहर
फुटपाथ
यहीं जिन्दा है
जीवन का सच
चन्द निशानी
छोड़ती हुई
मैं नहीं चाहती
धीरे धीरे मर जाना
लिपटती रहूँ कन कन
धूल में
और पहली सुबह के
चिमनियों के काले धुएँ में
उस मरे हुए बेघर की
तलाश है मुझे
जिसके पीछे
रोती हुई
झोपड़ी है
शायद।

अन्तहीन अन्तर्वेदना-2

जरा गर्दिश भी तो पड़ी होती
अपने हिस्से को लेकर ही
जम रहा था वो
सांचे के बाहर निकला होता
तो जानता
थकी, चुप बैठी
हवा भी झकझोरती है
खेतों के ऊपर
नीली पीली चूड़ियों की
खनक वाले हाथों की तरह।
कुएँ से जरा दूर पटिया पर
बैठकर
नहाने की ताजगी कैसी है
वह देखता।
उसके होंठ तो
बहुत खुलते होंगे
मगर, बगैर हिले
इनकी बातें कितनी
रसीली हैं
जरा ठोकर भी तो
पड़ी होती उसे
कि वह सँभल कर देखता।

आखिरी जैसा कुछ

सोने से पहले
की गयी फरियादों
की नाकामी
दीवारों के ऊपर
फैले मुट्ठी भर
आकाश
अनन्त उड़ान भरने का फैसला
और आखिरी ख़्वाब से पहले
मेज पर
बेतरतीब फैले
गुलाबी पन्नों पर
आड़ी तिरछी लाइनों के बीच
कहीं खुद को पाना
खाली कमरे की दीवारों पर
अदृश्य इबारतें गढ़ती है
और अक्सर ही भूल जाती है
कुछ पल के लिए
शीशे के सामने
दिखाई नहीं पड़ता उसे उसका चेहरा
दीख पड़ता है
रक्त से भींगा
आख़िरी जैसा कुछ...।

रेखाएँ

वह छली गयी
उन रेखाओं से
जिनकी कमी न थी
उसकी हथेली
और
तलुओं में
क्योंकि भूखे पेट
कुम्भलाये मुख ने
पीपल के मनोहर पत्तों को
बिवाईयों से भर डाला था।

बोलता चेहरा

श्वेत तौलिये में लिपटे
तुम सिर्फ बच्चे हो
जिज्ञासु हैं तुम्हारी आँखें
इस समय तुम
लड़का नहीं लड़की भी नहीं
तुम्हारी कोई जाति वर्ण नहीं
तुम हिन्दू नहीं
मुसलमान नहीं
तुम सिर्फ बच्चे हो
कह नहीं सकती
क्या होगे तुम
क्या कर पाती हैं
तुम्हारी यह मासूम
कोमलता
दुनियाँ की रीति
शर्म मर्यादाओं से
अनजान
तुम कुछ बतलाने को
आतुर दीखते हो
श्वेत तौलिये में लिपटे
तुम सिर्फ बच्चे हो।

जे का कहींऽऽ तोहसे हम ए ननदी

जे का कहींऽऽ तोहसे हम ए ननदी
नेह में तोहसे कौनो कमी नाहीं राखे
अपने बहिनी के जइसन मान राखे
तबो कुछु बतिया क करेजवा में उठेला
कचोट ए ननदी
अपने पसिनवा के कमइया लुटाय लुटाय
कइनी तोहार बिआह हो
भइया तोहरा के रुपिया दिहिन
पईसा दिहिन, कुठिला के अनजवा
बरतन बासन साड़ी कपड़ा दिहिन
भइया तोहरा के महला दिहिन
अटरिया दिहिन
अ दिहिन तोहके जेवरा हमार हो ए ननदी
जे का कहींऽऽ तोहसे हम ए ननदी
जब जब पड़ल खिचड़िया
तब सगरो खनदनवा के
चुनरी पोशाक ख़ातिन
थमऊलू कागज क पतरिया
सवा सवा कुंटल मिठाईया
सवा सवा कुंटल फलवा
चउरा दलिया अ रहल जवन खेतवा में

थोड़की तरकारिया
तौनो जोड़ऊलू ए ननदी
जे का कहींऽऽ तोहसे हम ए ननदी

जब जब अइनी तीज तेवहरवा
तब तब तोहरे ससुरारियाँ के
उठइली हर नाजो नखरा
भइनी जब बिदईया तोहार
त चमकत रहलू सोनवा जइसन
अ नाहीं देखलू
धूसर फटल लुग्गा हमार ए ननदी
जे का कहींऽऽ तोहसे हम ए ननदी

जब जब अइलू नइहर अपने
तब तब भरली खोइछा तोहार
एगो छान छप्पर बाटे
निखरहरी बरसतिया में चुवत बाटे
आजु बखानत बाटू अपने ससुरारिया के
महला अटरिया के बखान हो ए ननदी
जे का कहींऽऽ तोहसे हम ए ननदी

हर उतसव में नेग जोडलन ननदोई
अ नेगवा में जोडलन सोनवा
सोनवा धनवा मान दान केतनो भइल
तबो मुँहवा फुलौलू ए ननदी
जे का कहींऽऽ हम तोहसे ए ननदी

देखऽऽ देखऽऽ तनी मेहनतिया
अपने भइया भउजी क

हमरे घरवा में ठीक से दाना नाहीं
ए बरिस गइया बेचइनी
ओ बरिस भइसिया
अ बेचइनी तोहरे भाई के जमिनियाँ
सूदखोरवा चढ़ल बा करेजवा पर
तबो कइलू फरमैसिया ए ननदी
जे का कहींऽऽ तोहसे हम ए ननदी

उठत बा अंग अंग पीर क लहरिया
अइलू नाहीं एगो दिना सेवा ख़ातिन
अ अपने भतीजवा के जनमवा पर
माँगत बाटू सोनवा क झुमकवा
जब जनमलु पूत त
सोनवा के सिकड़ी लेहलू
नाहीं देखलू फटल अंचरा हमार हो ए ननदी
जे का कहींऽऽ हम तोहसे ए ननदी

ई कवन रीत बा जे
उजड़ल घर हमार तबो
पूरा कइनी
हर फरमैसिया तोहार
तबो हर बतिया में
छतिया पिटी पिटी के ताना मरलु जे
'भौजाईन के राज चलत बा कई दिन काटब इहाँ'
इहे बतिया सुनि सुनि करेजवा में
उठेला कचोट ए ननदी
जे का कहींऽऽ तोहसे हम ए ननदी
उठेला करेजवा में भारी पीर हो ए ननदी।

ए माँझी तोहरा देखली अइसन परेम हो

ए माँझी, तोहरा देखली अइसन परेम हो
पसिनवा चुवइला, खूनवा सुखइला
लेकिन देहला जिनगिया अनेक हो
हथवा में हथउड़िया, मथवा पे नाहीं कउनौ पगड़िया
बरिसवा के थपेड़वा, सहला सुरुजवा क घोर तापिसवा
झुकी गइले तोहरे अगवां
चलला आँधियाँ जवन बड़इ जोर शोर से हो
ए माँझी ....
बन रहल रोड़ा गहलोर में पहड़वा
अलगे कइ दिहलेस जवन तोहके
तोहरे फगुनिया जिगरवा से
परेम क अरिया ले के हथवा
चलला जब तू बनावे रहिया
पागल जगवा समझे तोहके पगलवा
बाकी तू न छोड़ला अपन संकल्पवा हो
ए माँझी ...
उन्नीस सौ छप्पनवा में, लउटला जब
धनबाद के कोइला खनवा से
कइला परेम सुकुमार फगुनियाँ से
गरिबिया क मार रहल बहुत

बाकी थमले रहल हथवा जवन बिहअवा में
नीके चलत रहल सब वोही के सहरवा से
खेतवा में मजुरिया कइला तू
खनवांले क पहुँचावें रोज फगुनी रानी
काली अँधिया आइल एक दिनवां
फिसलल गोड़वाओनकर
गिरी के गइनी जाने कवने देसवा हो
पहड़वा कारन दु:ख क पहड़वा
आयेल जिनगिया में तोहरे
तब लिहला तू कठोर बरतिया हो
ए माँझी ...
बाइस बरिस अथक परिसरम कइला
कटला पचीस फीट ऊँचा पहड़वा
बनइला तीस फीट चउड़ा
तीन सौ साठ फीट लम्बा रहिया
बनला माउंटेन मैन हो
ए माँझी ...
एक अरजिया बा हमार आजु तोहसे
आजु काल के इ तेजबवा फेंके वाले
छोकरवनके तनि दे दा परेम क सनेस हो
ए माँझी, तोहरा देखली अइसन परेम हो

साँच के त आँच बा

साँच के त आँच बा
ए भइया ई कब क बात बा
साँच के त आँच बा।
रतिया दिनवा हम खटनी
पैर में बेवाई फटनी
फूंस के जइसन
खुरदुर हमर हाथ भइनी
सगरो धरती गोड़नी बोअनी
तबो नून रोटी के मजबूर भइनी
ए भइया एहर आवा
एगो बात बा
अनवा धनवा अ
सगरे रहिया जनवा बिलात बा
साँच के त आँच बा।
असपताल घुड़साल भइनी
परचा ख़ातिन ठुसम ठूस
धक्कम धुक्कम ठेलम पेल
ए वारड ऊ वारड
मूत जांच खून जांच
अट्टी पट्टी ओतल बोतल
अरजरी सरजरी

अकटर डकटर सब देखनी
मन भर दवाई क
करजा ले क बिल भरनी
अइसन हाल बेहाल
देखी क लगनी
हमरे बचुआ नइखे
सगरो देस बेमार बा
साँच के त आँच बा।
अपटी कपटी राजा भइनी
गन्ही जी क सत्य अहिंसा
सरेरहिया लहू लुहान कइनी
ओरी चोरी छीना झपटी
खुल्लेआम डकइती
रोज रोज मार काट क
कीच मचऊनी
हतास जनन अपने गरे
फ़ांस लगउनी
ओली गोली इहाँ
आम बात बा
ए भइया बोला
ई कब क बात बा
सांच के त आँच बा।

घर से भागा बच्चा

पिता या भाई की पिटाई से
खार खाया बच्चा
नहीं जानता कि
बाहर नौकरी मिलना
कितना है मुश्किल
दो जून की रोटी
कितनी महंगी है
रात कितनी डरावनी है
आदम खोरों से बचने
के लिए
बरतनी होगी कितनी
सतर्कता
घर से भागा हुआ बच्चा
नहीं जानता
पिता हुए होंगे
कितने हलकान
उसे ढूंढने में
माँ की आँखों
से बहे होंगे
कितने आँसू
तमाम रातें गुजारी होगी

जलते पेट
उसकी माँ ने
भाई बहन
हो गए होंगे
एकाएक
बहुत अकेले
घर हो गया
होगा बहुत सूना
घर से भागा हुआ
बच्चा नहीं जानता
की घर में वह क्या है
इसका पता चलता है
उसे लौट आने के बाद।

बेरोजगारी

बेरोजगारी
कारण है
बेबात ठहाका लगाने को
मजबूर कोई युवा
उस सड़ियल सी बात पर
जो प्रमुख द्वारा कही गयी।
भीतर उठते हुए
गुबार को
गजब की फुर्ती से
होंठ बदल देते हैं
तारीफों और कसीदों में
बेरोजगारी
कारण है
परिवार न बसा पाने
हर वक्त एक
बोझ ढोने का
आँखों में गहरे धँसी
उदासी का
नींद न आने का
और अन्ततः
कर्मण्येवाधिकारस्ते से चलकर
माफलेषु कदाचनम तक
आ जाने का।

निर्जला

जैसे स्त्री
अपने लिए
छुपाती है
मायके से मिले
नेग जोग
अंचरा के
खूंट में
बँधे थोड़े से
पैसे
वैसे ही
जरूरी है
खाना भी
डरना नहीं
खाने से
कोई पाप नहीं
लगता
जलते पेट
और पियासे
गले से
से कोई पुन्य नहीं
मिलता
मेरी बहनों।

भरोसे का रंग

झूठ के पांव नहीं होते
मगर झूठ के पास
बड़ी लम्बी जुबान होती है
वह बातों को धीरे से
तो हरगिज नहीं
कहता
हांव हांव
झांव झांव
कांव कांव
उसके सुर में लिपटा होता है

वह चिल्लाता है
और उसकी बातें
पसर जाती हैं
गरीब झोपड़ियों में
और हर बार की तरह
जग जाती है
एक उम्मीद
उनकी पनिआई आँखों में

झूठ का बड़ा गुण है
लोग उसपर भरोसा करते हैं

बदल गया है
भरोसे का रंग
इसलिए
सच की आवाज
होती जा रही
खामोश।

स्त्री द्वेषी माँ विरोधी

हजारों काम समेटने होते हैं
चन्द घड़ियों में
नौकरीपेशा माँएँ
निपटाती हैं
मिनटों और सेकेंडों में
कुछ आधा
कुछ पूरा
कुछ आने के बाद
कुछ घर से भागते भागते
कभी प्यासी
कभी भूखी...

नौकरी पेशा माँएँ
निकलती हैं घरों से
दौड़ती हफरती हुई
पहुँचती हैं
आफिस या काम पर
तभी
पेटपूजा से लबरेज
प्रमुख बेधता है
तीक्ष्ण दृष्टि से

घर से मुंह उठाकर चला
खाया अघाया
पुरुष
क्या जाने
काम क्या है
स्त्री द्वेषी
माँ विरोधी
बताता है
उन्हें काम का मतलब।

पन्ना

जो दूसरों
की बुराई करता है
दरअसल वह
खोल रहा होता है
अपने व्यक्तित्व का
एक एक पन्ना
भले लोगों को
नहीं पड़ती
आवश्यकता
'कैसा हूँ मैं'
यह बताने की।

हम औरतें भूखी हैं

बच्चा जब नहीं
खाता खाना
तब जलता रह जाता है
माँ का पेट

पति जब फेंक
दे तुनक कर थाली
तब भूख आती है
स्त्री के हिस्से

तमाम त्योहारों पर भी
खाली रह जाता है
तमाम चाचियों, ताइयों
पत्नियों
बहनों
माँओं का पेट

पुरुष ने
पेट भरना
सीखा
स्त्री देह से

और भूख आई
हमेशा
स्त्री के हिस्से
हम औरतें भूखी हैं
हमें खाने दो।
हमें जीने दो।

❄❄❄